JN013198

つながるnote

奥田 さくら

Parade Books

つながる note

先人はお家の為、住み慣れた故郷の為、愛する家族の為に、
命をかけて今の私たちに生命を繋いでくれました。

大切な方々の生きた証を残しませんか？
自分のルーツを知る事で過去と現在が結ばれて、
次の世代に繋がっていくきっかけになります。

「あのご先祖様はどんな方だったの？」
「どんな生涯を送ったの？」
あなたが書く事で繋がりがよみがえる！
自分のことも記録して次の世代へ繋げましょう。

Family tree　ファミリー・ツリー

英語では家系の事を「ファミリー・ツリー」即ち「家族の木」、
先祖の事を「ルーツ」即ち「根」と言います。
大地にしっかりと根を張った木は強風にも負けず、
太陽の光を受けて豊かな葉を茂らせ、実がなり、
種を落としますね。

その実や種が私たち子孫だとしたら、
私はこの循環がとても大切だと考えています。

遠い昔から命を繋げてくれた先祖へ感謝の気持ちを持ち、
忘れないでいる事。生きた証を残していく作業を、
ぜひ楽しんでやってみませんか？

多くの方が、このnoteに記入する事で、
ご先祖様との繋がりが強くなり、
豊かなファミリー・ツリーが広がる事を心から願っています。

奥田さくら

Family tree

夫婦は二重線でつなぐ。
それ以外は一本線。

Photo
写真

| Name
氏名 | Birthday
誕生日 | 年 | 月 | 日 |

Name
氏名

Birthday
誕生日　　　　　年　　　月　　　日

From
出身

Job
仕事

Favorite
好きな事

Memory
思い出

Photo
写真

Name
氏名

Birthday
誕生日　　　　　年　　　月　　　日

From
出身

Job
仕事

Favorite
好きな事

Memory
思い出

Name
氏名

Birthday
誕生日　　　　　　年　　　月　　　日

From
出身

Job
仕事

Favorite
好きな事

Memory
思い出

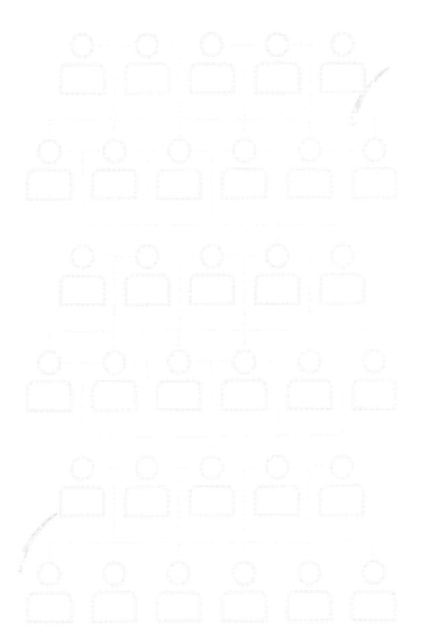

Photo
写真

Name 氏名	**Birthday** 誕生日　　　　年　　　月　　　日

From
出身

Job
仕事

Favorite
好きな事

Memory
思い出

Photo

Name
氏名

Birthday
誕生日　　　　　年　　　　月　　　　日

From
出身

Job
仕事

Favorite
好きな事

Memory
思い出

Photo
写真

Name		Birthday			
氏名		誕生日	年	月	日

From
出身

Job
仕事

Favorite
好きな事

Memory
思い出

Photo

| Name | Birthday | | | |
| 氏名 | 誕生日 | 年 | 月 | 日 |

From
出身

Job
仕事

Favorite
好きな事

Memory
思い出

Photo

Name
氏名

Birthday
誕生日　　　　　　年　　　月　　　日

From
出身

Job
仕事

Favorite
好きな事

Memory
思い出

Name
氏名

Birthday
誕生日　　　　　年　　　月　　　日

From
出身

Job
仕事

Favorite
好きな事

Memory
思い出

Photo

Name
氏名

Birthday
誕生日 　　　　年　　　月　　　日

From
出身

Job
仕事

Favorite
好きな事

Memory
思い出

| **Name** | | **Birthday** | | | |
| 氏名 | | 誕生日 | 年 | 月 | 日 |

From
出身

Job
仕事

Favorite
好きな事

Memory
思い出

Photo

Name		Birthday			
氏名		誕生日	年	月	日

From
出身

Job
仕事

Favorite
好きな事

Memory
思い出

Photo

Name
氏名

Birthday
誕生日　　　　　　　年　　　月　　　日

From
出身

Job
仕事

Favorite
好きな事

Memory
思い出

Photo
写真

Name		Birthday			
氏名		誕生日	年	月	日

From
出身

Job
仕事

Favorite
好きな事

Memory
思い出

Photo

Name
氏名

Birthday
誕生日　　　　　年　　　月　　　日

From
出身

Job
仕事

Favorite
好きな事

Memory
思い出

Photo
写真

Name		Birthday			
氏名		誕生日	年	月	日

From
出身

Job
仕事

Favorite
好きな事

Memory
思い出

Photo
写真

Name 氏名		Birthday 誕生日	年	月	日

From
出身

Job
仕事

Favorite
好きな事

Memory
思い出

Photo
写真

Name
氏名

Birthday
誕生日　　　　年　　　月　　　日

From
出身

Job
仕事

Favorite
好きな事

Memory
思い出

Photo
写真

Name
氏名

Birthday
誕生日　　　　　　　　　　　年　　　　月　　　　日

From
出身

Job
仕事

Favorite
好きな事

Memory
思い出

Photo
写真

Name
氏名

Birthday
誕生日   年   月   日

From
出身

Job
仕事

Favorite
好きな事

Memory
思い出

Photo
写真

Name
氏名

Birthday
誕生日　　　　　　年　　　月　　　日

From
出身

Job
仕事

Favorite
好きな事

Memory
思い出

Photo
写真

Name
氏名

Birthday
誕生日　　　　　　年　　　月　　　日

From
出身

Job
仕事

Favorite
好きな事

Memory
思い出

Photo

| Name 氏名 | Birthday 誕生日 | 年 | 月 | 日 |

Name
氏名

Birthday
誕生日　　　　　年　　　月　　　日

From
出身

Job
仕事

Favorite
好きな事

Memory
思い出

Photo

Name
氏名

Birthday
誕生日   年   月   日

From
出身

Job
仕事

Favorite
好きな事

Memory
思い出

Photo
写真

Name
氏名

Birthday
誕生日　　　　　年　　　月　　　日

From
出身

Job
仕事

Favorite
好きな事

Memory
思い出

Photo
写真

Name
氏名

Birthday
誕生日　　　　　年　　　月　　　日

From
出身

Job
仕事

Favorite
好きな事

Memory
思い出

Name
氏名

Birthday
誕生日　　　　　　年　　　月　　　日

From
出身

Job
仕事

Favorite
好きな事

Memory
思い出

Photo

Name
氏名

Birthday
誕生日　　　　　　年　　　月　　　日

From
出身

Job
仕事

Favorite
好きな事

Memory
思い出

Photo
写真

Name
氏名

Birthday
誕生日　　　　　年　　　月　　　日

From
出身

Job
仕事

Favorite
好きな事

Memory
思い出

過去帳

1 日	回忌	年	月	日	☑
	回忌	年	月	日	☐
	回忌	年	月	日	☐
	回忌	年	月	日	☐
	回忌	年	月	日	☐
	回忌	年	月	日	☐
	回忌	年	月	日	☐
2 日	回忌	年	月	日	☐
	回忌	年	月	日	☐
	回忌	年	月	日	☐
	回忌	年	月	日	☐
	回忌	年	月	日	☐
	回忌	年	月	日	☐
	回忌	年	月	日	☐
3 日	回忌	年	月	日	☐
	回忌	年	月	日	☐
	回忌	年	月	日	☐
	回忌	年	月	日	☐
	回忌	年	月	日	☐
	回忌	年	月	日	☐
	回忌	年	月	日	☐
4 日	回忌	年	月	日	☐
	回忌	年	月	日	☐
	回忌	年	月	日	☐
	回忌	年	月	日	☐
	回忌	年	月	日	☐
	回忌	年	月	日	☐
	回忌	年	月	日	☐

5日		回忌	年	月	日	☑
		回忌	年	月	日	☐
		回忌	年	月	日	☐
		回忌	年	月	日	☐
		回忌	年	月	日	☐
		回忌	年	月	日	☐
		回忌	年	月	日	☐
6日		回忌	年	月	日	☐
		回忌	年	月	日	☐
		回忌	年	月	日	☐
		回忌	年	月	日	☐
		回忌	年	月	日	☐
		回忌	年	月	日	☐
		回忌	年	月	日	☐
7日		回忌	年	月	日	☐
		回忌	年	月	日	☐
		回忌	年	月	日	☐
		回忌	年	月	日	☐
		回忌	年	月	日	☐
		回忌	年	月	日	☐
		回忌	年	月	日	☐
8日		回忌	年	月	日	☐
		回忌	年	月	日	☐
		回忌	年	月	日	☐
		回忌	年	月	日	☐
		回忌	年	月	日	☐
		回忌	年	月	日	☐
		回忌	年	月	日	☐

9日		回忌	年	月	日	☑
		回忌	年	月	日	☐
		回忌	年	月	日	☐
		回忌	年	月	日	☐
		回忌	年	月	日	☐
		回忌	年	月	日	☐
		回忌	年	月	日	☐
10日		回忌	年	月	日	☐
		回忌	年	月	日	☐
		回忌	年	月	日	☐
		回忌	年	月	日	☐
		回忌	年	月	日	☐
		回忌	年	月	日	☐
		回忌	年	月	日	☐
11日		回忌	年	月	日	☐
		回忌	年	月	日	☐
		回忌	年	月	日	☐
		回忌	年	月	日	☐
		回忌	年	月	日	☐
		回忌	年	月	日	☐
		回忌	年	月	日	☐
12日		回忌	年	月	日	☐
		回忌	年	月	日	☐
		回忌	年	月	日	☐
		回忌	年	月	日	☐
		回忌	年	月	日	☐
		回忌	年	月	日	☐
		回忌	年	月	日	☐

13日		回忌	年	月	日	☑
		回忌	年	月	日	☐
		回忌	年	月	日	☐
		回忌	年	月	日	☐
		回忌	年	月	日	☐
		回忌	年	月	日	☐
		回忌	年	月	日	☐
14日		回忌	年	月	日	☐
		回忌	年	月	日	☐
		回忌	年	月	日	☐
		回忌	年	月	日	☐
		回忌	年	月	日	☐
		回忌	年	月	日	☐
		回忌	年	月	日	☐
15日		回忌	年	月	日	☐
		回忌	年	月	日	☐
		回忌	年	月	日	☐
		回忌	年	月	日	☐
		回忌	年	月	日	☐
		回忌	年	月	日	☐
		回忌	年	月	日	☐
16日		回忌	年	月	日	☐
		回忌	年	月	日	☐
		回忌	年	月	日	☐
		回忌	年	月	日	☐
		回忌	年	月	日	☐
		回忌	年	月	日	☐
		回忌	年	月	日	☐

17日		回忌	年	月	日	☑
		回忌	年	月	日	☐
		回忌	年	月	日	☐
		回忌	年	月	日	☐
		回忌	年	月	日	☐
		回忌	年	月	日	☐
		回忌	年	月	日	☐
18日		回忌	年	月	日	☐
		回忌	年	月	日	☐
		回忌	年	月	日	☐
		回忌	年	月	日	☐
		回忌	年	月	日	☐
		回忌	年	月	日	☐
		回忌	年	月	日	☐
19日		回忌	年	月	日	☐
		回忌	年	月	日	☐
		回忌	年	月	日	☐
		回忌	年	月	日	☐
		回忌	年	月	日	☐
		回忌	年	月	日	☐
		回忌	年	月	日	☐
20日		回忌	年	月	日	☐
		回忌	年	月	日	☐
		回忌	年	月	日	☐
		回忌	年	月	日	☐
		回忌	年	月	日	☐
		回忌	年	月	日	☐
		回忌	年	月	日	☐

21日	回忌	年	月	日	☑
	回忌	年	月	日	☐
	回忌	年	月	日	☐
	回忌	年	月	日	☐
	回忌	年	月	日	☐
	回忌	年	月	日	☐
	回忌	年	月	日	☐
22日	回忌	年	月	日	☐
	回忌	年	月	日	☐
	回忌	年	月	日	☐
	回忌	年	月	日	☐
	回忌	年	月	日	☐
	回忌	年	月	日	☐
	回忌	年	月	日	☐
23日	回忌	年	月	日	☐
	回忌	年	月	日	☐
	回忌	年	月	日	☐
	回忌	年	月	日	☐
	回忌	年	月	日	☐
	回忌	年	月	日	☐
	回忌	年	月	日	☐
24日	回忌	年	月	日	☐
	回忌	年	月	日	☐
	回忌	年	月	日	☐
	回忌	年	月	日	☐
	回忌	年	月	日	☐
	回忌	年	月	日	☐
	回忌	年	月	日	☐

25日		回忌	年	月	日	☑
		回忌	年	月	日	☐
		回忌	年	月	日	☐
		回忌	年	月	日	☐
		回忌	年	月	日	☐
		回忌	年	月	日	☐
		回忌	年	月	日	☐
26日		回忌	年	月	日	☐
		回忌	年	月	日	☐
		回忌	年	月	日	☐
		回忌	年	月	日	☐
		回忌	年	月	日	☐
		回忌	年	月	日	☐
		回忌	年	月	日	☐
27日		回忌	年	月	日	☐
		回忌	年	月	日	☐
		回忌	年	月	日	☐
		回忌	年	月	日	☐
		回忌	年	月	日	☐
		回忌	年	月	日	☐
		回忌	年	月	日	☐
28日		回忌	年	月	日	☐
		回忌	年	月	日	☐
		回忌	年	月	日	☐
		回忌	年	月	日	☐
		回忌	年	月	日	☐
		回忌	年	月	日	☐
		回忌	年	月	日	☐

29日		回忌	年	月	日	☑
		回忌	年	月	日	☐
		回忌	年	月	日	☐
		回忌	年	月	日	☐
		回忌	年	月	日	☐
		回忌	年	月	日	☐
		回忌	年	月	日	☐
30日		回忌	年	月	日	☐
		回忌	年	月	日	☐
		回忌	年	月	日	☐
		回忌	年	月	日	☐
		回忌	年	月	日	☐
		回忌	年	月	日	☐
		回忌	年	月	日	☐
31日		回忌	年	月	日	☐
		回忌	年	月	日	☐
		回忌	年	月	日	☐
		回忌	年	月	日	☐
		回忌	年	月	日	☐
		回忌	年	月	日	☐
		回忌	年	月	日	☐
		回忌	年	月	日	☐
		回忌	年	月	日	☐
		回忌	年	月	日	☐
		回忌	年	月	日	☐
		回忌	年	月	日	☐
		回忌	年	月	日	☐
		回忌	年	月	日	☐

Memo

Memo

Memo

Memo

Memo

Memo

_____

Memo

奥田 さくら

1971年兵庫県の生まれ、岡山県在住。5人家族です。
家の墓石やお位牌を見たときに、それが誰なのか、
どういう人だったのかわからない事にいつもモヤモヤしていました。
本人や知っている人がいるうちに聞いて、
後世のために書き残しておくべきでは…と思い形にしました。
親は子に無償の愛を注いで何年も何十年も育みます。
子が親にする恩返しは、
むしろ親が亡くなってからの方が大切なのではないかと考えています。
このnoteを多くの方にご活用いただければ幸いです。

つながるnote

2024年4月30日　第1刷発行

著　者　奥田さくら

発行者　太田宏司郎
発行所　株式会社パレード
　　　　大阪本社　〒530-0021　大阪府大阪市北区浮田1-1-8
　　　　　　　　　TEL 06-6485-0766　FAX 06-6485-0767
　　　　東京支社　〒151-0051　東京都渋谷区千駄ヶ谷2-10-7
　　　　　　　　　TEL 03-5413-3285　FAX 03-5413-3286
　　　　https://books.parade.co.jp
発売元　株式会社星雲社（共同出版社・流通責任出版社）
　　　　　　　　　〒112-0005　東京都文京区水道1-3-30
　　　　　　　　　TEL 03-3868-3275　FAX 03-3868-6588
印刷所　中央精版印刷株式会社